BEI GRIN MACHT SICH IHR WISSEN BEZAHLT

AF153426

- Wir veröffentlichen Ihre Hausarbeit,
  Bachelor- und Masterarbeit

- Ihr eigenes eBook und Buch -
  weltweit in allen wichtigen Shops

- Verdienen Sie an jedem Verkauf

Jetzt bei www.GRIN.com hochladen und kostenlos publizieren

GRIN

Biometric Payment als Alternative zum Mobile Payment im stationären Handel

Arno Wunderlich

Bibliografische Information der Deutschen Nationalbibliothek:

Die Deutsche Nationalbibliothek verzeichnet diese Publikation in der Deutschen Nationalbibliografie; detaillierte bibliografische Daten sind im Internet über http://dnb.d-nb.de abrufbar.

ISBN: 9783346410245
Dieses Buch ist auch als E-Book erhältlich.

© GRIN Publishing GmbH
Nymphenburger Straße 86
80636 München

Druck und Bindung: Books on Demand GmbH, Norderstedt Germany
Gedruckt auf säurefreiem Papier aus verantwortungsvollen Quellen

Das vorliegende Werk wurde sorgfältig erarbeitet. Dennoch übernehmen Autoren und Verlag für die Richtigkeit von Angaben, Hinweisen, Links und Ratschlägen sowie eventuelle Druckfehler keine Haftung.

Das Buch bei GRIN: https://www.grin.com/document/1014672

FOM Hochschule für Oekonomie & Management

Hochschulzentrum Düsseldorf

Berufsbegleitender Studiengang zum Bachelor of Science

Wirtschaftsinformatik

5. Semester

Hausarbeit in E-Business

Biometric Payment als Alternative zum Mobile Payment im stationären Handel

Autor: Arno Wunderlich

Abgabetermin: 30.01.2021

Note: 1,0

Inhaltsverzeichnis

Abkürzungsverzeichnis

BP	Biometric Payment
EWR	Europäischer Wirtschaftsraum
MP	Mobile Payment

1 Einleitung

1.1 Relevanz

Unterstützt durch die aktuelle COVID-19-Pandemie hat das kontaktlose Bezahlen, auch aus Sorge vor Ansteckung, im stationären Handel im letzten Jahr stark an Zuspruch gewonnen[1]. Einer im Mai und Juni 2020 in Deutschland unter 1.800 Personen über 18 Jahren durchgeführten Befragung zufolge haben 75 % der Befragten schon kontaktlos bezahlt, im Jahr zuvor waren es nur 55 %[2]. Zudem nimmt die Bedeutung von elektronischen Zahlungsmitteln der Studie zufolge zu. So nannten nur noch 32 % der Befragten Bargeld als bevorzugtes Zahlungsmittel[3]. Es gibt also aktuell einen Wandel im Bezahlverhalten der Menschen. Keine messbare Rolle in diesem Wandel nimmt bisher Biometric Payment ein. So ließen sich zur Verbreitung von Biometric Payment im stationären Handel in Deutschland keine Daten finden, daher ist davon auszugehen, dass Biometric Payment aktuell keinen relevanten Anteil hat. Allenfalls einzelne Händler verwenden individuelle biometrische Zahlungsmethoden, sodass Biometric Payment aktuell keine Relevanz in Europa besitzt.

Dabei ist es mit Biometric Payment möglich, allein mit biometrischen Identifikationsmerkmalen wie dem Fingerabdruck oder der Handfläche, und damit ohne weitere Zahlungsmittel wie Girokarten, zu bezahlen. Damit ist diese Bezahlungsmethode komfortabel und bequem, da das Zahlungsmittel immer mit sich geführt wird. Zudem kann es sicherer und schneller als Bargeld oder Girokarten sein. Aufgrund dieser potenziellen Vorteile und auch, weil Biometric Payment bisher kaum erforscht wurde, ist die wissenschaftliche Auseinandersetzung mit diesem Thema relevant.

1.2 Fragestellung und Zielsetzung

Ziel der Arbeit ist es, die in der deutsch- und englischsprachigen Literatur bisher nur wenig erforschte Zahlungsmethode Biometric Payment zu untersuchen. Die zu beantwortende Fragestellung lautet: Ist Biometric Payment eine aussichtsreiche Alternative zum aktuellen Trend Mobile Payment im stationären Handel? Es gibt einige Vorteile von Biometric Payment, von denen einige im ersten Absatz bereits erwähnt wurden, dennoch

---

[1] Die formale Gestaltung dieser Arbeit orientiert sich an den Vorgaben des Leitfadens zur formalen Gestaltung wissenschaftlicher Arbeiten (Stand WS 2020) des Hochschulbereichs IT-Management.
[2] Vgl. Visa (2020), S. 2
[3] Vgl. Visa (2020), S. 1

hat sich die Technologie bisher in Europa nicht durchgesetzt. Die Gründe dafür hängen mit den Herausforderungen von Biometric Payment zusammen, die in dieser Arbeit erläutert werden. Daher ist es außerdem Ziel dieser Arbeit, eine Aussage über die Zukunftsaussichten dieser Technologie zu treffen. Dabei soll nicht die Biometrie als Authentifizierungsmöglichkeit für eine Zahlungsart wie Kreditkartenzahlungen untersucht werden[4]. Stattdessen soll die Biometrie als alleiniges Zahlungsmittel betrachtet werden.

Es ist zudem nicht Ziel dieser Arbeit, die Potentiale von unbaren Zahlungsmethoden gegenüber der Barzahlung zu beleuchten. Stattdessen sollen die Chancen und Risiken von Biometric Payment mit denen der ebenfalls unbaren Zahlungsmethode Mobile Payment verglichen werden. Denn die Barriere von der anonymen Bargeldzahlung auf eine Bezahltechnik mit körpereigenen biometrischen Merkmalen umzusteigen ist deutlich höher, als die beim Umstieg von Mobile auf eben dieses Biometric Payment. So lassen sich die Hauptgründe der Barzahlung, wie die Nicht-Zurückverfolgbarkeit, die sofortige Bezahlung durch physische Übergabe und der gesetzlichen Annahmezwang[5], durch unbare Bezahltechnologien kaum erfüllen.

1.3 Aufbau der Arbeit

Um die Einsatzpotentiale von Biometric und Mobile Payment im stationären Handel miteinander vergleichen zu können, werden im Grundlagenteil zunächst die beiden Bezahlformen erläutert. Dazu wird ihre Verbreitung in Deutschland untersucht und zum Verständnis der Chancen und Risiken von Biometric Payment benötigte Grundlagen wie die Biometrie vermittelt und eine kurze rechtliche Betrachtung unter Einbezug der Zahlungsdienstleisterrichtlinie PSD II vorgenommen. Anschließend werden aktuelle und historische Praxisbeispiele für den Einsatz von Biometric Payment in den unterschiedlichen geographischen Regionen Deutschland, USA und China zusammengestellt und ein mögliches Biometric Payment System konzipiert, um diese Zahlungsmethode greifbarer zu machen. Zudem basiert jedes dieser Beispiele auf einem anderen biometrischen Merkmal. Darauf aufbauend werden die Chancen und Herausforderungen von Biometric Payment diskutiert und ein Vergleich mit Mobile Payment gezogen. Abschließend wird auf Grundlage des Vergleichs die dieser Arbeit zugrunde liegende Forschungsfrage im Fazit beantwortet.

---

[4] Siehe dazu z.B. Mastercard (2020), S. 1
[5] Vgl. Letzgus (2017), S. 68

2 Grundlagen

2.1 Mobile Payment

Es existieren unterschiedliche Definitionsansätze von Mobile Payment (MP). Schon *Kornmeier* hat in seiner heute veralteten Zusammenstellung 17 verschiedene Verständnisweisen aus der Literatur unterschieden[6]. Es ist davon auszugehen, dass sich durch neue technologische Möglichkeiten in den letzten zwölf Jahren weitere Ansätze herausgebildet haben. Daher ist es notwendig, das dieser Arbeit zugrunde liegende Verständnis von MP zu erläutern. Zunächst ist eine Unterscheidung in der Betrachtung der räumlichen Distanz zwischen dem Standort des Bezahlvorgangs und dem Leistungsort in Proximity (räumliche Nähe) und Remote (räumliche Ferne) vorzunehmen[7]. Diese räumliche Nähe der Bezahlung ist im stationären Handel, bei Automaten, oder bei beweglichen Orten wie beispielsweise Trödelmärkten gegeben.

Hierl und *Ginner* definieren MP jeweils als elektronische, monetäre Transaktion zur Bezahlung von Waren oder Dienstleistungen durch einen Konsumenten im stationären Handel unter Verwendung eines mobilen Endgerätes[8, 9]. Beide sehen also die Proximity als Bedingung für MP an. Im Gegensatz dazu beziehen *Jelassi* und *Martinez-Lopez* remote Bezahlvorgänge unter Nutzung eines Smartphones in ihre Definition für MP ein. So definieren sie MP sehr weitgefasst als Zahlungsvorgänge durch mobile Geräte und nennen als Beispiel auch den Geldtransfer zwischen Freunden[10]. Dieser Arbeit, die sich mit Zahlungsmethoden im stationären Handel beschäftigt, soll das zuerst vorgestellte Verständnis von MP, das eine physische Anwesenheit des Käufers am Transaktionsort fordert, zugrunde liegen. Einkäufe bei Versandhändlern im Internet über das Smartphone fallen daher nicht unter diese Definition. Zwar wird die Zahlung über das Mobilgerät freigegeben, allerdings ist die räumliche Nähe zwischen Verkäufer und Käufer nicht gegeben. In der Praxis für MP relevante Geräte sind damit Smartphones und Smartwatches. Geräte wie Tablets können zwar theoretisch auch unter Nutzung des NFC-Standards zum Bezahlen verwendet werden, sind allerdings zu unhandlich.

Die regelmäßige Nutzung von MP hat im letzten Jahr stark zugenommen. So gaben in einer Studie von *Forsa*, die im Auftrag von *Visa* durchgeführt wurde, in 2019 6 % der

---

[6] Siehe dazu Kornmeier (2009), S. 20
[7] Vgl. Hierl (2017b), S. 82
[8] Vgl. Hierl (2017b), S. 83
[9] Vgl. Ginner (2018), S. 69f.
[10] Vgl. Jelassi, Martinez-Lopez (2020), S. 385

1.800 befragten Personen in Deutschland an, dass sie MP verwenden[11]. Seitdem erleichterten viele Banken die Verwendung von MP Lösungen, indem sie beispielsweise eine Nutzung ohne Kreditkarte ermöglichten. So sollen im Dezember 2020 bereits 1,5 Mio. *Sparkassen*-Kunden, die seit August 2020 bestehende Möglichkeit genutzt haben, ihre Girocards mit *Apple Pay* zu verknüpfen[12]. Das hat zu einem großen Wachstum der MP Nutzung geführt. So gaben 39 % der 1.002 befragten Personen in einer Befragung von *Bitkom Research* an, dass sie im Zeitraum von September bis November 2020 mindestens vereinzelt mit einem Smartphone oder einer Smartwatch an der Kasse bezahlt haben[13].

2.2 Biometrie und Sicherheit

Unter dem Begriff Biometrie, der sich aus den altgriechischen Wörtern *bios* für Leben und *metron* für Maß zusammensetzt, wird die Wissenschaft der Körpermessung an Lebewesen verstanden[14]. Damit fällt das Wissen um körpereigene Merkmal von Menschen unter den Begriff der Biometrie. Durch quantitative Vermessung dieser Merkmale kann ein Mensch eindeutig identifiziert und von anderen Menschen unterschieden werden. Biometrische Merkmale werden in aktive und passive Merkmale unterschieden. Aktive biometrische Merkmale ergeben sich aus dem Verhalten einer Person. Beispiele für solche aktiven Merkmale sind die Unterschriftendynamik, die Lippenbewegung beim Sprechen und das Gangzyklusmuster[15]. Zu den passiven, nicht verhaltensbezogenen Merkmalen, die für Biometric Payment relevant sind, zählen die Handfläche, die Iris, die Retina, die DNA und der Fingerabdruck[16].

Nicht jedes körpereigne Merkmal eignet sich zur Identifikation und Authentifizierung von Personen. So sind Körpergröße und Herzmuskelgröße zwar Teil des Körpers, allerdings sind sie weder beständig, noch lassen sich Personen anhand ihrer unterscheiden. Die grundsätzlichen Voraussetzungen, die ein Merkmal erfüllen muss, um biometrisch zu sein, sind schon seit Jahrzehnten definiert, beispielsweise von *Clarke*. Diese sind u.a. Universalität, also jede Person muss dieses Merkmal besitzen, Einzigartigkeit, Per-

---

[11] Vgl. Visa (2020), S. 2
[12] Vgl. Heuzeroth (2020), S. 1
[13] Vgl. Bitkom (2021), S. 1
[14] Vgl. Labbude (2017), S. 27
[15] Vgl. Pohlmann (2019), S. 182
[16] Vgl. Pohlmann (2019), S. 182

manenz, also die Unveränderlichkeit des Merkmals über die Zeit und quantitative Erfass-barkeit[17]. Die Biometrie kann nicht vergessen, verliehen oder gestohlen werden, da sie ein Teil des Körpers ist. Aus diesen Gründen ist die Biometrie sicherer als alle anderen Authentifizierungsmöglichkeiten, die entweder auf Wissen, also beispielsweise ein Pass-wort, oder auf Besitz, also z.b. eine Kreditkarte oder ein Token, aufbauen[18]. Theoretisch ist die Fälschung von Biometrischen Merkmalen durch Betrüger jedoch möglich. Die ver-schiedenen Merkmale sind jeweils unterschiedlich sicher. So ist zum Beispiel die Iriser-kennung sicherer als die Gesichtserkennung, auch wenn eine hinreichende Sicherheit bei beiden Verfahren gegeben ist[19]. Zusätzlich ist zu bedenken, dass vielen Manipulati-onsversuchen durch sogenannte Lebendtests entgegengewirkt werden kann.

2.3 Biometric Payment

Bisher existiert keine allgemeingültige Definition von Biometric Payment (BP), da dieses bisher nur wenig in der deutsch- und englischsprachigen Literatur untersucht wurde. Wörtlich aus dem Englischen übersetzt bedeutet BP biometrisches Bezahlen. *Priya* de-finiert BP als eine auf Biometrie basierte Methode zur Autorisierung von Zahlungen. So beschreibt sie BP als eine Möglichkeit zur Autorisierung von Zahlungen im stationären Handel, die zur Verifizierung der Identität einzigartige physikalische Merkmale wie Fin-gerabdrücke vermisst und analysiert[20]. Damit grenzt *Priya* ihr Verständnis von BP von einigen Wissenschaftlern ab, welche die Verwendung von biometrischen Merkmalen als Authentifizierungsmethode von beispielsweise Kreditkarten ebenfalls als BP bezeich-nen. So bezeichnet beispielsweise *Nasonov* die alleinige Zahlungsauthentifizierung über die Biometrie als „biometric-only authentication"[21] im BP. In dieser Arbeit soll unter BP eine Zahlungsmethode am Point of Sale im stationären Handel verstanden werden, die biometrische Authentifizierung zur Identifizierung des Kunden und Autorisierung der Zahlung von einem Bankkonto verwendet.

Aufgrund der kartenlosen Technologie und der Verwendung der Biometrie kann das Au-torisierungsmittel nicht gestohlen oder vergessen werden. Als Autorisierungsmerkmal kommen dabei alle die in Kapitel 2.2 vorgestellten Bedingungen erfüllenden biometri-schen Merkmale in Frage. Dies sind im Einzelnen das Gesicht, der Fingerabdruck, die

---

[17] Vgl. Clarke (1994), S. 21
[18] Vgl. Priya (2017), S 114
[19] Vgl. Pohlmann (2019), S. 186
[20] Vgl. Priya (2017), S 117
[21] Nasonov (2017), S. 6

Handfläche, die Iris und die Retina. Zusätzlich nennen einige Experten die Unterschrif-
tenprüfung und Stimmauthentifizierung, die sich jedoch aufgrund von Nachahmmöglich-
keiten und möglicherweise vorhandenen Hintergrundgeräuschen nur eingeschränkt eig-
nen[22]. Mit diesen Merkmalen ist im Hintergrund ein Bankkonto verknüpft. Je nach Si-
cherheitsbedürfnis und rechtlicher Lage kann eine PIN-Validierung nach der Authentifizierung über das biometrische Merkmal verlangt werden[23].

Der Prozess der Authentifizierung mit einem biometrischen Merkmal lässt sich in verschiedene Phasen aufteilen. Beispielhaft wird ein solcher Zyklus folgend anhand der
Fingerabdruckerkennung dargestellt. Zunächst wird eine digitale Darstellung des Fingerabdrucks durch einen Scanner erzeugt[24]. Im nächsten Schritt wird der Fingerabdruck
verarbeitet, damit es im dritten Schritt leichter wird, die einzigartigen Merkmale des Fingerabdrucks zu extrahieren[25]. Diese werden als Merkmalsvektoren erzeugt. Zum Ab-
schluss erfolgt in der Matching-Phase der Vergleich und die Zuordnung der extrahierten
Vektoren zu den Gespeicherten. Bei erfolgreichem Matching kann der Fingerabdruck
einer Person zugeordnet werden.

2.4 Rechtliche Betrachtung Biometric Payment (PSD2)

BP zur Autorisierung von größeren Summen mit ausnahmslos nur einem Faktor ist im
europäischen Wirtschaftsraum (EWR) nicht zugelassen. Der aktuellen Fassung der Zah-
lungsdienserichtlinie (PSD2) zufolge muss u.a. für die Auslösung jedes elektronische
Zahlungsvorgangs ab eines gewissen Volumens eine sogenannte starken Kun-
denauthentifizierung oder Zweifaktor-Authentifizierung verlangt werden[26]. Dabei müssen
mindestens zwei Elemente aus den Kategorien Wissen (etwas, das nur der Nutzer weiß),
Besitz (etwas, das nur der Nutzer besitzt) und Inhärenz (etwas, das der Nutzer ist) zur
Authentifizierung herangezogen werden[27]. Beispiele für die Kategorie Wissen sind ein
Passwort oder PIN-Code, die Besitzanforderung lassen sich beispielsweise durch eine
Giro- oder Kreditkarte oder ein Smartphone erfüllen und die Kategorie Inhärenz durch
biometrische Merkmale. Um diese starke Kundenauthentifizierung mit BP erfüllen zu
können, muss also neben dem biometrischen Merkmal aus der Kategorie Inhärenz ein

---

[22] Vgl. Gupta, Sharma, Jangir (2019), S. 2
[23] Vgl. Garg, Garg (2015), S. 111
[24] Vgl. Priya (2017), S 115
[25] Vgl. Gupta, Sharma, Jangir (2019), S. 2
[26] Vgl. Europäisches Parlament und Rat (2015), L 337/106
[27] Vgl. Europäisches Parlament und Rat (2015), L 337/59

weiterer Faktor aus den Bereichen Wissen oder Besitz herangezogen werden. Praktika-bel ist hier ein PIN-Code, wie er zur Authentifizierung von Kartenzahlungen heute ver-wendet wird. Bei Beträgen bis 50 Euro ist eine Ausnahme von der starken Kun-denauthentifizierung möglich. So können kontaktlose elektronische Zahlungsvorgänge bis zu 50 Euro bis zu fünf Mal in Folge ohne starke Kundenauthentifizierung ausgelöst werden[28]. Bei BP ist also im EWR die komfortable Zahlung mit alleiniger Autorisierung durch das biometrische Merkmale in vielen Fällen bis zu einem Zahlungsvolumen von 50 Euro möglich.

---

[28] Vgl. Europäische Kommission (2018), L69/32

3 Praxisbeispiele für Biometric Payment und Systementwurf

3.1 Fingerprint Payment *digiPROOF*

Die ersten praktischen Versuche mit BP gab es in Deutschland schon vor dem Aufkommen von MP. So wurde 2003 in Offenburg über das biometrische Zahlungsverfahren *digiPROOF* erstmals eine Zahlung nur durch einen Fingerabdruck autorisiert[29]. Dennoch konnte sich dieses Verfahren als Zahlungsmethode bisher nicht in der Breite etablieren. So werden über das Bezahlverfahren *digiPROOF*, bei einem jährlichen Gesamtumsatz des deutschen Einzelhandels von ca. 390 Mrd. €, jährlich gerade einmal Zahlungen im Wert von gut 20 Mio. € autorisiert[30]. Nach Angaben des *digiPROOF* betreibenden Dienstleisters gibt es in NRW genau einen Händler, der diese Zahlungsmethode unterstützt[31], was die geringe Verbreitung von BP in Deutschland beispielhaft belegt. In den nord- und ostdeutschen Bundesländern gibt es sogar keine einzige Akzeptanzstelle des Verfahrens.

Zur Teilnahme am biometrischen Bezahlverfahren ist eine einmalige Registrierung mit den persönlichen Daten, der Bankverbindung und den biometrischen Merkmalen notwendig. Die Autorisierung am Point of Sale erfolgt über einen Scann und Vergleich des Fingerabdrucks. Zur Erhöhung der Sicherheit ist zudem eine Multifaktorauthentifizierung mit einem Venenvergleich möglich[32]. Der Ablauf der Bezahlung ist mit Ausnahme des eingescannten Fingers mit dem der Kartenzahlung identisch. Auf Wunsch des Kunden ist zudem eine Verknüpfung mit einer Kundenkarte möglich, sodass die Biometrie sowohl Bargeld bzw. Girokarte, als auch Kundenkarte ersetzt[33]. Trotz der mit dem System verbundenen Vorteile wie Komfort, Geschwindigkeit und Sicherheit konnte sich *digiPROOF* bisher nicht durchsetzen. Einzig in Nischengruppen, wie Schulen und Kantinen, in denen häufiges Bezahlen und kleine Beträge zusammentreffen, ist das Verfahren nach Angaben des Dienstleisters erfolgreich[34].

---

[29] Vgl. Kipper (2017), S. 317
[30] Vgl. Kipper (2017), S. 318
[31] Vgl. it-werke (2020), S. 5
[32] Vgl. it-werke (2020), S. 3
[33] Vgl. Kipper (2017), S. 318
[34] Vgl. Kipper (2017), S. 318

3.2 Handflächenbezahlung *Amazon One*

Im Gegensatz zum vorhergehenden Praxisbeispiel verwendet das am 29.09.2020 von *Amazon* vorgestellte und in Betrieb genommene System *Amazon One* zur Identifizierung der Nutzer nicht den Fingerabdruck, sondern die gesamte Handfläche. Es kommt zunächst in fünf verschiedenen stationären Geschäften des Unternehmens im US-Bundesstaat Washington zum Einsatz[35]. Laut *Amazon* eignet sich die kontaktlose Handflächenerkennung nicht nur als Zahlungsmethode, sondern auch als Zugangsmöglichkeit für beispielsweise Büros oder Veranstaltungen und als Kundenkartenersatz[36]. *Amazon* plant also, sein System zukünftig Dritten als Service anzubieten. Zur Nutzung von *Amazon One* ist kein Benutzerkonto bei *Amazon* erforderlich, stattdessen werden zur Registrierung an einem Gerät in den *Amazon* Geschäften Kreditkarte, Telefonnummer und Handfläche benötigt[37]. Bei der Registrierung wird aus den einzigartigen Linien, Mustern und Venen der Handfläche eine sogenannte Handflächensignatur errechnen. Diese werden nach Angaben von *Dilip Kumar,* dem Leiter des Geschäftsbereichs Physical Retail & Technology bei *Amazon*, nicht auf den Handflächenlesegeräten, sondern verschlüsselt in einer Cloud gespeichert[38].

Datenschützer kritisieren daher, dass die biometrischen Daten nicht wie beispielsweise bei *Face ID* von *Apple* ausschließlich auf dem Gerät selbst gespeichert werden. Damit sind die Daten im Falle einer Sicherheitslücke der Cloud potenziell für Kriminelle oder Regierungen abrufbar. In einem solchen Fall wäre die Handfläche als Identifikationsmerkmal unwiederbringlich verloren, da sie sich nicht wie ein Passwort austauschen lässt. Zudem sei nicht sicher, wie *Amazon* die Daten ansonsten verwendet um beispielsweise das Kundenverhalten zu tracken[39]. Zur Nutzerakzeptanz und zum über das System abgewickelten Zahlungsvolumen gibt es aktuell keine öffentlichen Informationen. Je nach Datenschutzbedürfnis der Nutzer könnte diese Zahlungsmethode, unterstützt durch die Strahlkraft der Marke *Amazon* und der entstehenden Bequemlichkeit, Kundenakzeptanz erzielen und zukünftig von deutlich mehr Händlern eingesetzt werden.

---

[35] Vgl. Amazon (2020a), S. 3f.
[36] Vgl. Amazon (2020a), S. 1
[37] Vgl. Amazon (2020b), S. 2f.
[38] Vgl. Kumar (2020), S. 4f.
[39] Vgl. Vincent (2020), S. 4f.

3.3 *Alipay* mit Gesichtserkennung

Mit dem Gesicht verwendet der biometrische Bezahldienst von *AliPay*, das indirekt zum chinesischen *Alibaba* Konzern gehört, wiederum ein anderes biometrisches Merkmal zur Autorisierung von Zahlungen. Medienberichten zufolge plante *Alipay* 2019 innerhalb der nächsten drei Jahre 3 Mrd. Yuan (ca. 375 Mio. €) zur Implementierung ihres sogenannten *Smile-to-Pay* Systems zu investieren[40]. Zur Nutzung des Bezahlens mit Gesichtserkennung benötigen Kunden einen *Alipay* Account. Bei der Erstellung dieses ist eine Registrierung mit Eingabe der persönlichen Daten, die Hinterlegung eines Bankkontos und das Hochladen eines Identifikationsnachweises notwendig[41]. Über einen *Alipay* Account verfügen weltweit ca. 1,3 Mrd. Menschen, die meisten davon in China[42]. Zur Bezahlung mit Gesichtserkennung werden Selbstbedienungskassen mit integrierter Kamera eingesetzt. Vor diese stellen sich die Nutzer, machen eine bestimmte Geste, um eine beabsichtigte Zahlungsautorisierung zu dokumentieren und im Hintergrund wird das Gesicht des Nutzers mit dem Foto auf dem hochgeladenen Identifikationsnachweis verglichen[43].

Zu den Marktanteilen der Bezahldienste mit Gesichtserkennung der beiden großen Zahlungsdienstleister *AliPay* und *WeChat* in China sind keine verlässlichen Zahlen bekannt. Medienberichten zufolge hat, behindert durch Datenschutzbedenken und die COVID-19-Pandemie, die für die Erfordernis in Geschäften Masken zu tragen verantwortlich ist, diese Zahlungstechnologie in China nicht so viel Zuspruch gewonnen, wie vom Hersteller erhofft[44]. Dennoch haben sich die beiden Gesichtserkennungszahlungsmethoden in China etabliert. Da die Bezahldienste ihre biometrischen Daten ebenso in einer Cloud speichern, hegen Kritiker ähnliche Bedenken wie bei *Amazon One*. Zu beachten ist allerdings, dass die Gesichtserkennungstechnologie in China deutlich verbreiteter und alltäglicher ist als in Europa oder den USA. So soll es in China, neben den klassischen Überwachungskameras, inzwischen mehr als 600 Mio. Gesichtserkennungskameras geben, die von der Regierung zur Überwachung der Bürger eingesetzt werden[45]. Zudem sind die Datenschutzregeln deutlich lockerer[46], was die Akzeptanz vieler Chinesen für den Einsatz von Gesichtserkennungstechnologie zum Bezahlen erklären könnte.

---

[40] Vgl. Xie (2020), S. 1
[41] Vgl. Gao, Rong, Tian, Yao (2020), S. 11
[42] Vgl. Alibaba (2020), S. 59
[43] Vgl. Gao, Rong, Tian, Yao (2020), S. 11
[44] Vgl. Xie (2020), S. 1f.
[45] Vgl. Sommer (2020), S. 204
[46] Vgl. Kirchberg-Lennartz (2020), S. 240

3.4 Biometric Payment System

Folgend wird eine mögliche Realisierung eines BP Systems beschrieben. Zunächst ist das zur Anwendung kommende biometrische Merkmal festzulegen. Dabei ist es wichtig, einen Mittelweg zwischen Genauigkeit bzw. Sicherheit, Anwendbarkeit, Nutzen und Datenschutzüberlegungen zu finden. So sind auf Iris und Retina basierende Identifikationsverfahren zwar ziemlich sicher[47], in der Praxis allerdings schwer einzusetzen, da der Scann oft fehlschlägt. Auch die Fingerabdruckerkennung kommt nicht zu Einsatz, da die meisten Fingerabdrucklesegeräte nicht kontaktlos funktionieren[48]. Kontaktlos und ausreichend sicher sind die Handflächenerkennung und die Gesichtserkennung. Aus Datenschutzabwägungen wird die Handfläche dem Gesicht vorgezogen, denn aus den potenziell bei einer Sicherheitslücke gestohlenen Handflächendaten lässt sich nicht so leicht die Identität der Person bestimmen, wie aus Gesichtsdaten[49].

Werden Abbilder der biometrischen Merkmale gespeichert und diese gestohlen, ist das jeweilige biometrische Merkmal als Authentifizierungsmöglichkeit verloren, da es nun unsicher ist und nicht wie ein Passwort erneut gesetzt werden kann. Stattdessen soll daher ein Identifikator gespeichert werden, der sich eindeutig aus dem biometrischen Merkmal ableiten lässt, aber andersherum keine Rekonstruktion des biometrischen Bildes aus dem Identifikator zulässt[50]. Zudem ist die Speicherung der Identifikatoren zu den biometrischen Merkmalen in einer Cloud unumgänglich. Die Alternative wäre eine Speicherung auf den Lesegeräten, was allerdings für ein weitverbreitetes BP System kaum realisierbar ist, da bei Neuregistrierungen oder anderen Änderungen im Datenbestand die Daten auf jedem einzelnen Gerät geupdatet werden müssten. Zudem müssten die Geräte genug Speicherplatz und Sicherheit bieten, um Millionen von Identifikatoren speichern zu können. Es ist eine stabile Internetverbindung zwischen den Lesegeräten und der Cloud notwendig.

Bei einem BP System muss außerdem durch Tests und Einstellungen eine Balance zwischen der Geschwindigkeit des Scannvorgangs und der Genauigkeit dieses gefunden werden. So muss vermieden werden, dass eine falsche Identifikation stattfindet, die bei schnelleren und ungenaueren Vergleichen eher auftreten kann[51]. Wie dargestellt muss

[47] Vgl. Pohlmann (2019), S. 186
[48] Vgl. Kumar (2018), S. 9
[49] Vgl. Kumar (2020), S. 4
[50] Vgl. Grudzien (2015), S. 4
[51] Vgl. Bromba (2007), S. 197

das BP System bei Zahlungen oberhalb eines Volumens von 50 Euro im EWR aus rechtlichen Gründen immer eine starke Kundenauthentifizierung verlangen. Dabei sollte neben dem biometrischen Merkmal aus der Kategorie Inhärenz ein Faktor aus dem Bereich
Wissen, wie eine PIN, und keiner aus dem Bereich Besitz verwendet werden. Denn bei
diesen würde ein Hauptvorteil von BP, nämlich die Möglichkeit, ohne einen mitzuführen-
den Gegenstand zu bezahlen, egalisiert werden. Für jedes BP System ist ein eigenes
Lesegerät notwendig, da es nur anhand der biometrischen Merkmale aktuell nicht möglich ist, zu unterscheiden, welches System welches Dienstleisters der Kunde verwenden
möchte.

4 Einsatzpotentiale von Biometric Payment und Vergleich mit Mobile Payment

4.1 Chancen von Biometric Payment

Die Vorteile von BP können in Chancen für Kunden und positive Aspekte für Händler, die BP als Zahlungsart anbieten, unterteilt werden. Für die Kunden ist es praktisch und bequem, dass für BP keine Karten oder Smartphones mit sich geführt werden müssen, sodass auch spontane Einkäufe jederzeit möglich sind. Außerdem ist bei den meisten Zahlungen unter 50 Euro die Eingabe einer PIN nicht notwendig. Zudem sind BP Systeme sicherer als andere gängige Zahlungsmethoden, da die Biometrie äußerst schwer zu fälschen oder stehlen ist[52]. Dies könnte die Betrugsrate bei Zahlungen senken. Kunden schätzen diese Sicherheit, was sich darin äußert, dass sie Biometrie für die sicherste Zahlungsmethode halten[53]. Ein weiterer wichtiger Vorteil, besonders während einer Pandemie, ist das kontaktlose Bezahlen, dass bei fast allen biometrischen Merkmalen möglich ist. So muss kein Bargeld ausgetauscht oder eine Lesegerät angefasst werden. Des Weiteren können Kunden bei Nutzung von BP Zeit sparen. So verringert die Nutzung von BP die zur Abwicklung des Zahlungsvorgangs benötigte Zeit um bis zu 30 % im Vergleich zu Kartenzahlungen[54].

Händler können ebenfalls von den genannten Vorteilen für Kunden profitieren. Denn Kunden kaufen eher bei Händlern ein, die ihre bevorzugte Zahlungsmethode unterstützen. Die Unterstützung von BP kann also ein Wettbewerbsvorteil gegenüber anderen Händlern sein, die diese Zahlungsart nicht anbieten. Besonders erstrebenswert ist für sie die potenziell geringere Betrugsrate. Ein weiterer Vorteil ist die mögliche Kombination von BP mit Kundenkarten[55], die es Händlern erleichtert, Daten über ihre Kunden zu sammeln. Die relevanteste Chance für Händler ist allerdings die Möglichkeit der Beschleunigung der Kassierzeit. Somit verringert sich die Wartezeit der Kunden, was ihre Zufriedenheit steigert. Desweiteren können dadurch die Kosten gesenkt werden. So würde zum Beispiel die *REWE Gruppe*, für jede Sekunde Reduktion des Kassendurchlaufs eines Kunden konzernweit ca. 1 Mio. Euro einsparen[56].

---

[52] Vgl. Priya (2017), S 114
[53] Vgl. Nasonov (2017), S. 6
[54] Vgl. Kipper (2017), S. 317
[55] Vgl. Bromba (2007), S. 194
[56] Vgl. Kipper (2017), S. 317

14

4.2 Herausforderungen von Biometric Payment

Auf der anderen Seite gibt es einige Probleme, die der flächendeckenden Verbreitung von BP bisher im Wege stehen. Dabei ist zunächst die Zurückverfolgbarkeit der Bezahlung zu nennen. BP ist eine nicht-anonyme Zahlungsmethode, was einige Kunden von der Benutzung abhalten könnte. Denn jeder Kauf ist nachverfolgbar und Anbieter können Daten über das Kundenverhalten sammeln. Eine weitere Herausforderung ist die sichere Speicherung der biometrischen Daten. So könnte die Datenbank gehackt und Daten gestohlen und zu Betrugszwecken missbraucht werden[57]. Werden Abbilder der biometrischen Merkmale gespeichert, sind diese Merkmale bei einem Datendiebstahl unwiederbringlich für die Nutzung verloren. Denn ein gestohlenes Passwort oder eine Kreditkarte kann leicht ersetzt werden, Biometrische Merkmale allerdings sind nicht austauschbar[58]. Dem lässt sich, wie in Kapitel 3.4 dargestellt, durch die Nutzung von Identifikatoren anstatt echten Abbildern entgegenwirken. Allerdings besteht bei einem Datendiebstahl weiterhin die Gefahr, dass ein Merkmal gegen die gestohlenen Identifikatoren unter Nutzung des Umrechnungsalgorithmus zur Bestimmung einer Identität abgeglichen wird.

Eine weitere Herausforderung ist die Abwicklung von biometrisch Autorisierten Zahlungen unterschiedlicher Anbieter über ein einzelnes Lesegerät, wie es bei Kartenzahlungen möglich ist. Bei Identifikation über ein biometrisches Merkmal wie dem Gesicht oder der Handfläche ist keine Unterscheidung in Zahlungsanbieter möglich. Bei Autorisierung über den Fingerabdruck wäre zwar theoretisch die Nutzung einzelner Finger für jeweils einen anderen Anbieter möglich,[59] dies ist aber unkomfortabel, da sich der Nutzer merken müsste, welcher Finger welchen Anbieter repräsentiert. Die neu zu schaffende Zahlungsinfrastruktur mit Lesegeräten für die jeweils verwendeten biometrischen Merkmale ist ein weiteres Problem für BP.

4.3 Vergleich Biometric und Mobile Payment im stationären Handel

Zur Beantwortung der Fragestellung, ob BP MP im stationären Handel ersetzten könnte, sollen die vergleichenden Chancen und Risiken beiden Zahlungsmethoden folgend gegenübergestellt werden. Ein Vorteil von BP gegenüber MP ist, dass es kein Gegenstand erfordert, der mitgeführt werden muss und vergessen werden kann, was es komfortabler macht. Somit kann auch bezahlt werden, wenn der Smartphone Akku leer ist oder das

---
[57] Vgl. Garg, Garg (2015), S. 112
[58] Vgl. Traore, Obaidat, Woungang (2019), S. 9
[59] Vgl. Garg, Garg (2015), S. 110f.

15

Smartphone kein NFC unterstützt. Auch können Personen ohne Smartphone, die also MP nicht verwenden können, BP nutzen. Zudem ist BP meistens schneller und sicherer als MP[60]. Dies liegt daran, dass kein Smartphone aus der Tasche geholt werden muss, sondern direkt mit der Hand, dem Finger oder dem Gesicht bezahlt werden kann. Somit muss der Kunde keine Ablage für die gekauften Artikel suchen und das Risiko, das etwas runterfällt, sinkt. Wie oben dargestellt bringt die Beschleunigung des Kassiervorgangs außerdem monetäre Vorteile für die Händler mit sich.

Nachteilig für BP im Vergleich zu MP ist der Datenschutz und die Speicherung der Daten. Bei MP erfolgt die Speicherung der biometrischen Daten - sofern diese zur Autorisierung der Zahlung notwendig sind - auf dem Gerät selbst. Dies ist bei BP nicht möglich, hier müssen die Daten aller Nutzer in einer Cloud gespeichert werden. Somit ist es für Kriminelle oder Regierungen deutlich attraktiver die gesammelten Daten vieler Nutzer abzugreifen. Zudem ist die tatsächliche Akzeptanz von BP noch zu klären, während MP schon etabliert ist. So halten Kunden BP zwar für die sicherste Zahlungsmethode[61], ob sie BP allerdings wirklich nutzen, ist im Gegensatz zur Situation bei MP noch unklar. Ein weiterer Nachteil von BP gegenüber MP ist die Zahlungsinfrastruktur mit biometrischen Lesegeräten, die für BP im stationären Handel noch aufgebaut werden muss. Bei Nutzung von MP können die bereits existierenden ca. 1,34 Mio.[62] Zahlungsterminals im stationären Handel weiterverwendet werden. Zudem muss die dahinterstehende Abwicklungsinfrastruktur noch errichtet und finanziert werden. Das vermutlich größte Hindernis für BP im Vergleich mit MP ist das zeitlich spätere Aufkommen in Deutschland. Während MP Zahlungen im letzten Jahr stark gewachsen sind und mittlerweile einen relevanten Anteil an den Zahlungsmethoden ausmachen, wird BP nur in kleinen Nischen eingesetzt. Daher müsste BP nicht nur besser und einfacher für Kunden und Händler sein als MP sondern so viel komfortabler sein, dass eine Umkehrung des Trends zu MP erreicht wird.

---

[60] Vgl. Kipper (2017), S. 317
[61] Vgl. Nasonov (2017), S. 6
[62] Vgl. EZB (2020), S. 2

5 Fazit

Das vorgeschlagene BP System verwendet einen kontaktlosen Scan der Handfläche zur Identifizierung einer Person. Die biometrischen Identifikatoren sind in einer Cloud gespeichert und werden mit dem gescannten Handabdruck, bzw. den aus diesem berechneten Daten, abgeglichen. Je nach zu autorisierendem Volumen ist zur Autorisierung der Zahlung zusätzlich ein zweiter Faktor, wie die Eingabe einer PIN, erforderlich. Die vergleichenden Vorteile und Nachteile von BP gegenüber MP zeigen, dass bei isolierter Betrachtung der Technologie die Chancen von Biometric Payment überwiegen. Denn BP ist komfortabler, sicherer und schneller als MP. Aus technischer Sicht steht dem hauptsächlich der Datenschutz und die erzwungene Speicherung von biometrischen Daten auf Servern entgegen, der aber durch Nutzung von Identifikatoren entgegengewirkt werden kann. Rechtliche Gründe scheinen keinen entscheidenden Unterschied auszumachen, auch wenn sich BP in der praktischen Anwendung des rechtlichen Rahmens im EWR erst noch bewähren muss. Die Nutzerakzeptanz der Nutzung von biometrischen Technologien zur Bezahlung ist zumindest in Umfragen gegeben, auch diese muss sich noch in der Praxis erhärten. Trotz dieser leichten Vorteile für BP ist es fraglich, ob BP sich in Deutschland gegen MP durchsetzen können wird. Denn es ist zweifelhaft, ob den Menschen eine etwas bequemere und leicht schnellere Bezahlmethode als Grund ausreicht, um zu einer neuen Zahlungstechnologie zu wechseln. Daher steht auch in Frage, ob überhaupt ein Dienstleister mit genügen Finanzkraft ein wettbewerbsfähiges BP System implementieren wird, während die für MP benötigte Infrastruktur schon vollständig vorhanden ist. Andererseits ähnelt die Situation in Europa der in China. Im ersten Halbjahr 2020 nutzen ca. 802 Mio. Chinesen[63], oder ca. 70 % der Bevölkerung ab 16 Jahren, mindestens monatlich MP und damit anteilig deutlich mehr Personen als in Deutschland. Dennoch fanden sich mit *Alipay* und *WeChat* zwei große Anbieter, die BP Systeme finanzierten und ihre auf Gesichtserkennung basierten Zahlungssysteme konnten sich etablieren. Viele Menschen in China empfanden also, dass BP Vorteile gegenüber MP bietet und entschieden sich daher die Zahlungsart wechseln. Dies muss zwar vor dem Hintergrund der niedrigeren Datenschutzanforderungen und -bedürfnisse in China im Vergleich zu Deutschland betrachtet werden, spricht aber für die Chancen von BP sich auch in Deutschland zu etablieren. Zudem könnte *Amazon* mit seinem biometrischen Bezahldienst für den Durchbruch in den USA und Europa sorgen.

---

[63] Vgl. China Internet Network Information Center (2020), S. 41

Literaturverzeichnis

Alibaba (2020): Alibaba Group Fiscal Year 2020 Annual Report. Hangzhou.

Amazon (2020a): Amazon One. <https://one.amazon.com/> (2020)
[Zugriff: 2020-12-29].

Amazon (2020b): Amazon One: Getting started. <https://one.amazon.com/getting-started> (2020) [Zugriff: 2020-12-29].

Bitkom (2021): In der Corona-Krise entdecken die Deutschen das kontaktlose Bezahlen. <https://www.bitkom.org/Presse/Presseinformation/In-der-Corona-Krise- entdecken-die-Deutschen-das-kontaktlose-Bezahlen> (2021-01-05)
[Zugriff: 2021-01-07].

Bromba (2007): Ein biometrisches Bezahlsystem für Kaufhäuser. In: Datenschutz und Datensicherheit, 31 (3), S. 194-198.

China Internet Network Information Center (2020): 46th Statistical Report on Internet Developement in China. Peking.

Clarke, R. (1994): Human Identification in Information Systems: Management Challenges and Public Policy Issues. In: Information Technology & Peope, 7 (4), S. 6-37.

Europäische Kommission (2018): Delegierte Verordnung (EU) 2018/389 der Kommission vom 27. November 2017 zur Ergänzung der Richtlinie (EU) 2015/2366 des Europäischen Parlaments und des Rates durch technische Regulierungsstandards für eine starke Kundenauthentifizierung und für sichere offene Standards für die Kommunikation. Brüssel.

Europäisches Parlament und Rat (2015): Richtlinie (EU) 2015/2366 des Europäischen Parlaments und des Rates vom 25. November 2015 über Zahlungsdienste im Binnenmarkt, zur Änderung der Richtlinien 2002/65/EG, 2009/110/EG und 2013/36/EU und der Verordnung (EU) Nr. 1093/2010 sowie zur Aufhebung der Richtlinie 2007/64/EG. Straßburg.

EZB (2020): Statistical Data Warehouse: Number of POS terminals – provided by resident PSPs – from Germany. <https://sdw.ecb.europa.eu/quickview.do?SERIES_KEY=169.PSS.A.DE.S102.I00.I200.NT.X0.20.Z0Z.Z> (2020-09-17)
[Zugriff: 2021-01-03].

Everling, O. (Hrsg) (2020): Social Credit Rating. Wiesbaden: Springer Fachmedien.

Gao, J., Rong, Y., Tian, X., Yao, Y. (2020): Save Time or Save Face? The Stage Fright Effect in the Adoption of Facial Recognition Payment Technology. Shanghai.

Garg, R., Garg, N. (2015): Developing Secured Biometric Payments Model Using Tokenization. In: International Conference on Soft Computing Techniques and Implementations, 2015, S. 110-112.

Ginner, M. (2018): Akzeptanz von digitalen Zahlungsdienstleistungen. Dissertation, Wiesbaden: Springer Fachmedien.

Grudzien, W. (2015): Biometrie im Banking - Ein Plädoyer gegen Vorurteile. In Datenschutz und Datensicherheit, 39 (1), S. 7-11.

Gupta, N., Sharma, J., Jangir, S. (2019): Biometrics and Fingerprint Payment Technol ogy. Jaipur, Indien.

Heuzeroth, T. (2020): Zahl der Apple-Pay-Nutzer in Deutschland wächst rasant. <https://www.welt.de/wirtschaft/article221869566/Apple-Pay-Zahl-der-Nutzer-in-Deutschland-waechst-rasant.html> (2020-12-06) [Zugriff: 2020-12-28].

Hierl, L. (Hrsg.) (2017a): Mobile Payment: Grundlagen - Strategien - Praxis. Wiesbaden: Springer Fachmedien.

Hierl, L. (2017b): Payment 4.0 unter Abgrenzung von mobilgerätebasierten Zahlungssystemen. In: Hierl, L. (Hrsg.), Mobile Payment: Grundlagen - Strategien - Praxis, 2017, S. 77-92.

It-werke (2020): Biometric Payment: digiPROOF. <https://www.it-werke.com/digiproof/> (2020) [Zugriff:2020-12-27].

Jelassi, T., Martinez-Lopez, F. (2020): Strategies for e-Business. 4 Aufl., Cham, Schweiz: Springer Nature Switzerland.

Kipper, U. (2017): Scangoru – oder wie Mobile an die Kasse kommt. In: Hierl, L. (Hrsg,), Mobile Payment: Grundlagen - Strategien - Praxis, 2017, S. 315-323.

Kirchberg-Lennartz, B. (2020): Europäisches Datenschutzrecht und Bonitätssysteme in China. In: Everling, O. (Hrsg.), Social Credit Rating, 2020, S. 229-248.

Kornmeier, K. (2009): Determinanten der Endkundenakzeptanz mobilkommunikations-basierter Zahlungssysteme. Dissertation, Duisburg.

Kumar, A. (2018): Contactless 3D Fingerprint Identification. Cham, Schweiz: Springer Nature Switzerland.

Kumar, D. (2020): Introducing Amazon One - a new innovation to make everyday activities effortless. <https://www.aboutamazon.com/news/innovation-at- amaz on/introducing-amazon-one-a-new-innovation-to-make-everyday-activities- effortless> (2020-09-29) [Zugriff: 2020-12-29].

Labbude, D. (2017): Biometrie und die Analyse digitalisierter Spuren. In: Labudde, D., Spranger, M. (Hrsg.): Forensik in der digitalen Welt, 2017, S. 25-58.

Labbude, D., Spranger, M. (2017): Forensik in der digitalen Welt, Berlin: Springer Spektrum.

Letzgus, O. (2017): Mobile Payment und Bargeld - Ergänzung oder Verdrängung? In: Hierl, L. (Hrsg.), Mobile Payment: Grundlagen - Strategien – Praxis, 2017, S. 67-76.

Mastercard (2020): Mastercard Biometric Card FAQ. <https://www.mastercard.us/cont ent/dam/public/mastercardcom/na/us/en/smb/other/biometric-card-external-faq- global-v2-nov20.pdf> (2020-11) [Zugriff: 2020-12-21].

Nasonov, A. (2017): What's the future for biometrics in global payments?. In: Biometric Technology Today, 25(8), S. 5-7.

Obaidat, M., Traore, I., Woungang, I. (Hrsg.) (2019): Biometric Based Physical and Cybersecurity Systems. Cham, Schweiz: Springer Nature Switzerland.

Pohlmann, N. (2019): Cyber-Sicherheit. Wiesbaden: Springer Fachmedien.

Priya, S. P. (2017): Biometrics and Fingerprint Payment Technology. In: International Journal of Advanced Research in Computer Science & Technology, 5 (1), S. 114-118.

Sommer, T. (2020): Überwachungsstaat China. In: Everling, O. (Hrsg.), Social Credit Rating, 2020, S. 203-208.

Traore, I., Obdaidat, M., Woungang, I. (2019): Introduction. In: Obaidat, M., Traore, I., Woungang, I. (Hrsg.), Biometric Based Physical and Cybersecurity Systems, 2019, S. 1-10.

Vincent, J. (2020): Amazon's palm reading starts at the grocery store, but it could be so much bigger. https://www.theverge.com/2020/10/1/21496673/amazon-one-

palm-reading-vein-recognition-payments-identity-verification (2020-10-01)
[Zugriff: 2020-12-29].

Visa (2020): Visa Mobile Payment Monitor 2020. <https://www.visa.de/uber-visa/newsroom/press-releases.3024289.html> (2020-08-03)
[Zugriff: 2020-12-28].

Xie, S. (2020): In China, Paying With Your Face Is Hard Sell.
<https://www.wsj.com/articles/in-china-paying-with-your-face-is-hard-sell-11600597240> (2020-09-20) [Zugriff:2020-12-30].